DÉCRET

DE LA CONVENTION NATIONALE

Du 21 Février 1793, l'an II de la République françoise.

Relatif à l'organisation de l'armée, & aux pensions de retraite & traitement de tout Militaire, de quelque grade qu'il soit.

SUIVI d'une lettre de DUBOIS-CRANCÉ, à l'Armée, & de l'Arrêté des Représentants du Peuple à l'armée des Alpes, du 20 mai 1793, l'an second de la République françoise.

Imprimé par leur ordre.

A GRENOBLE, de l'Imprimerie d'ALLIER.

DECRET

DE LA CONVENTION NATIONALE,

Du 21 Février 1793, l'an second de la République Françoise;

Relatif à l'organisation de l'Armée, & aux pensions de retraite & traitement de tout Militaire, de quelque grade qu'il soit.

LA CONVENTION NATIONALE, après avoir entendu le rapport de son comité de la guerre, décrete ce qui suit :

Décret général & préliminaire pour toutes les Troupes Françoises.

ARTICLE PRÉMIER.

La Convention nationale assure, à la fin de la guerre, à tout militaire qui, conformément aux loix établies sur les pensions de retraite, aura des droits acquis à la bienfaisance de la nation, la jouissance des avantages que ces loix lui accordent à raison de son ancienneté, & du grade dans lequel il se trouvera placé.

ART. II.

Tout militaire, de quelque grade qu'il soit, officier ou soldat, qui, par les changemens qui pourroient s'opérer à la paix, se trouvera réformé, obtiendra à titre de pension de retraite, s'il a dix ans de service, les campagnes comptant pour deux ans, le quart de ses appointemens de paix, & au-dessus de dix ans, un trentieme du restant de ses appointemens en sus par chaque année de service.

Quant aux militaires qui n'auront pas dix ans de service à la fin de la guerre, & qui auront cependant servi la patrie sans interruption, il leur sera payé, à la réforme & sans distinction de grade, à titre de gratification.

60 livres pour une campagne.
150 livres pour deux campagnes.
300 livres pour trois campagnes.
500 livres pour quatre campagnes.

Ces articles sont applicables aux volontaires qui ont servi la campagne derniere, & qui sont ou retourneront à leurs drapeaux avant le premier avril prochain.

III.

Les anciens militaires retirés du service, & qui sont rentrés ou rentreront d'ici au premier avril sous les drapeaux de la patrie, concourront aux avantages énoncés dans les arricles précédens, en comptant leurs anciens services avec les nouveaux, sur le pied du grade qu'ils auront lors de leur retraite à la paix, ou de leur réforme.

IV.

Tout militaire qui prendra sa retraite, ou sera reformé à la paix jouira tant qu'il vivra, & quelque soit ensuite la place qu'il occupera dans l'Etat, du traitement fixé par le présent décret, quels que soient les émolumens qui seroient attachés à ses nouvelles fonctions & sans aucune déduction.

V.

La Convention nationale voulant ajouter une nouvelle marque de reconnoissance à celle déjà promise, & en faire sentir autant qu'il est en elle les effets aux familles des braves défenseurs de la République, déclare que les biens des émigrés sont affectés, jusqu'à concurrence de quatre cents millions, au payement des pensions & gratifications qui seront acquises aux militaires, à leurs veuves & à leurs enfans ; en conséquence du présent décret, elle charge le comité des finances de lui présenter, sans délai, un projet de décret sur le mode de conversion des pensions militaires, en un capital applicable à l'acquisition des biens des émigrés.

VI.

A l'avenir ceux qui remplissent les fonctions de lieutenant-colonel dans l'infanterie, s'appeleront chefs de bataillon, & dans la cavalerie, chefs d'escadron ; les colonels de toutes armes s'appeleront chefs de brigade ; les maréchaux-de-camp, généraux de brigade, les lieutenans-généraux, généraux de division, & les généraux d'armée, généraux en chef. En conséquence, toutes les dénominations de lieutenant-colonel, colonel, maréchal-de-camp, lieutenant-général & de maréchal de France, sont supprimées.

Organisation de l'Armée.

TITRE PREMIER.

De l'Infanterie de ligne.

SECTION PREMIERE.

ART. I.

A dater de la publication du présent décret, il n'y aura plus aucune diſtinction ni différence de régime entre les corps d'infanterie appellés régimens de ligne, & les volontaires nationaux.

I I.

L'infanterie que la République entretiendra à ſa ſolde, ſera formée en demi-brigades compoſées chacune d'un bataillon des ci-devant régimens de ligne, & de deux bataillons de volontaires. L'uniforme ſera le même pour toute l'infanterie. Il ſera aux couleurs nationales; & ce changement ſe fera à fur & à meſure que l'adminiſtration ſera obligée de renouveller l'habillement. Chaque demi-brigade ſera diſtinguée par un numéro ſur le bouton & ſur les drapeaux.

I I I.

La premiere demi-brigade ſera compoſée du premier bataillon du premier régiment d'infanterie, & de deux bataillons de volontaires les plus à ſa portée, &, autant que faire ſe pourra, du même département.

La deuxieme demi-brigade ſera compoſée du deuxieme bataillon du premier régiment d'infanterie, & de deux bataillons de volontaires les plus voiſins, &, s'il eſt poſſible, du même département.

Le reſte de l'armée ſuivra le même mode de réunion, de maniere que, par ordre de numéro, les cent quatre-vingt-ſeize bataillons de ligne, unis aux trois cents quatre-vingt-douze bataillons de volontaires, formeront cent quatre-vingt-ſeize demi-brigades d'infanterie : à la paix, les demi-brigades prendrons le nom des départemens auxquels elles ſont attachées.

I V.

Les ſoldats compoſant aujourd'hui les régimens de ligne, étant engagés, ſont tenus de remplir leurs engagemens juſqu'à la paix. Les volontaires ne pourront jamais être liés que pour une campagne.

V

Chaque demi-brigade ſera compoſée ainſi qu'il ſuit:

ETAT-MAJOR.

1 Chef de brigade.
3 Chefs de bataillon.
2 Quartiers-maîtres-tréſoriers.
3 Adjudans-majors.
3 Chirurgiens-majors.
3 Adjudans-ſous-officiers.
1 Tambour-major.
1 Caporal-tambour.
8 Muſiciens, dont un chef.
3 Maîtres tailleurs.
3 Maîtres cordonniers.

Chaque bataillon ſera compoſé de neuf compagnies, dont une de grenadiers & huit de fuſiliers.

Chaque compagnie de grenadiers ſera compoſée ainſi qu'il ſuit:

1 Capitaine.
1 Lieutenant.
1 Sous-lieutenant.
1 Sergent-major.
2 Sergens.
1 Caporal-fourrier.
4 Caporaux.
4 Appointés.
48 Grenadiers.
2 Tambours.

TOTAL.. 3 officiers, 62 grenadiers.

Chaque compagnie de fuſiliers ſera compoſée ainſi qu'il ſuit:

1 Capitaine.
1 Lieutenant.
1 Sous-lieutenant.
1 Sergent-major.
3 Sergens.
1 Caporal-fourrier.
6 Caporaux.
6 Appointés.
67 Fuſiliers.
2 Tambours.

TOTAL.. 3 officiers, 86 fuſiliers.

Il ſera attaché à chaque demi-brigade, ſix pieces de canon du calibre de quatre, avec tous les attirails néceſſaires; & pour le ſervice de ces pieces, il ſera formé par chaque demi-brigade, une compagnie de canonniers volontaires, compoſée comme celle des grenadiers, excepté que le nombre des canonniers ſera porté à ſoixante-quatre hommes, non compris les officiers & ſous-officiers.

Complet d'une demi-brigade en Officiers, Sous-Officiers & Soldats:

Deux mille quatre cent trente-ſept hommes, avec ſix pieces de canon de quatre.

Complet de l'Infanterie de ligne.

196 Demi-brigades . . . . . . 477,652 hommes.
1,176 Pieces de campagne.

V I.

Les officiers & sous officiers qui se trouveront réformés par la présente organisation, conserveront leur traitement actuel, & feront le service attaché à leurs grades comme adjoints jusqu'à leur remplacement, lequel aura lieu à la premiere vacance dans le grade dont ils étoient pourvus, & par préférence à tous autres.

V I I.

La solde sera la même ainsi que le traitement de guerre pour tous les individus composant l'infanterie Françoise, chacun suivant son grade, & l'on prendra pour base la plus forte paye de chaque grade. Il n'y aura plus qu'une classe de capitaines, dont les appointemens sont portés uniformément à deux mille deux cents livres pied de paix, sans préjudice au traitement de guerre; mais ceux qui jouissent d'un plus fort traitement, le conserveront jusqu'à ce qu'ils ayent monté en grade.

V I I I.

La Convention nationale ajourne la réunion des bataillons de volontaires avec ceux de ligne, j'usqu'à ce qu'elle en ait autrement ordonné: provisoirement les corps resteront organisés comme ils sont; mais la Convention ordonne au ministre de la guerre de lui présenter au premier mars prochain, le tableau de cette réunion & du mode d'exécution, afin qu'elle connoisse les cadres qu'il est utile de conserver & completter, ce tableau devant servir de base au recrutement.

I X.

A dater du 15 mars prochain, toute l'infanterie Françoise sera payée sur le nouveau pied, & jouira du nouveau mode d'avancement; mais les bataillons ne rouleront qu'entre eux jusqu'au moment de leur réunion en demi-brigades.

X.

Le ministre de la guerre fera imprimer dans le plus court délai, & distribuer aux membres de la Convention, & à tous les officiers des états-majors des armées, la liste des colonels & maréchaux-de-camp en activité, avec la date de leur ancienneté de service, afin que chaque militaire puisse connoître le rang que lui assure son ancienneté aux termes de la loi. Le ministre tiendra la main à ce que les rangs d'ancienneté de service de chaque officier & ſous-officier dans les différents corps, ſoient toujours affichés au corps-de-garde du chef-lieu des bataillons.

X I.

Juſqu'au moment de la réunion des bataillons de ligne avec ceux des volontaires en demi-brigades, il ne ſera pourvu à la nomination d'aucun emploi de colonel ou chef de brigade dans ces corps.

SECTION SECONDE.

Du Mode d'avancement.

ARTICLE PREMIER.

Dans tous les grades, excepté celui de chef de brigades & celui de caporal, l'avancement aura lieu de deux manieres: ſavoir, le tiers par ancienneté de ſervice à grade égal, roulant ſur toute la demi-brigade: & les deux tiers au choix dans le bataillon où la place ſera vacante.

I I.

On commencera par le tour d'ancienneté; & à titre égal entre deux concurrents, la place appartiendra au plus âgé.

I I I.

Lorſqu'un emploi de colonel ou chef de brigade ſera vacant, il appartiendra toujours à l'ancienneté parmi les chefs de bataillons de la demi-brigade, d'abord au plus ancien de ſervice, & enſuite au plus ancien de grade, & toujours alternativement.

I V.

Les quartiers-maîtres tréſoriers, adjudants-majors, adjudans, ſous-officiers, ſeront à la nomination du conſeil d'adminiſtration de la demi-brigade, & pourront être choiſis indifféremment dans les trois bataillons.

V.

Les caporaux ſeront choiſis à la majorité abſolue par tous les volontaires du bataillon, mais ſeulement par les volontaires de la compagnie où la place ſera vacante.

V I.

La nomination aux emplois par le choix ſe fera de la maniere ſuivante:

1°. Pour nommer un chef de bataillon, les électeurs ſeront dans le bataillon où l'emploi ſera à nommer, tous les membres qui le compoſent.

2°. Pour la place de capitaine, lieutenant, ſous-lieutenant & ſergent, les électeurs ſeront tous les membres de la compagnie où le grade ſera vacant, & qui y ſeront ſubordonnés.

3°. L'appel ſera fait par le ſergent-major de chaque compagnie en préſence du commandant. Les électeurs écriront ou feront écrire à l'inſtant de l'appel, par qui ils voudront, leur billet de préſentation, & le mettront eux-mêmes plié dans une boîte fermée.

4°. Le ſcrutin ſera toujours dépouillé ſur le champ par les trois plus anciens ſoldats qui ſauront lire & écrire, en préſence des électeurs.

5°. L'élection ſera faite par les individus préſents aux drapeaux. Ceux qui ſeront de ſervice, pourront envoyer leur billet de préſentation ſigné d'eux ou de deux témoins.

6°. Les candidats pourront être choiſis, abſents comme préſents, ſur toute la demi-brigade.

7°. Les candidats à préſenter ſeront toujours au nombre de trois pour une place vacante, & ſeront pris dans le grade immédiatement inférieur à celui qui ſera vacant; ſavoir pour une place de ſergent, parmi les caporaux; pour une ſous-lieutenance, parmi les ſergens; pour une lieutenance, parmi les ſous-lieutenants; pour une compagnie parmi les lieutenants; & pour les chefs de bataillon, parmi les capitaines.

8°. Il y aura un ſcrutin épuratoire, & ce ſcrutin ſera fait à la majorité abſolue des ſuffrages par les individus du grade égal à celui qui ſera vacant, & du même bataillon, qui choiſiront pour remplir cette place, celui des trois candidats qui auront été préſentés par le corps, & qu'ils jugeront le plus méritant.

9°. Pour nommer un chef de bataillon, le ſcrutin épuratoire ſera fait par le chef de brigade & les deux autres chefs de bataillon, s'ils ſont préſents; à défaut de l'un d'eux, il ſera remplacé par un capitaine nommé *ad hoc* par les capitaines du bataillon où la place ſera vacante, & qui ne pourra être un des candidats préſentés.

VII.

Il eſt expreſſément défendu à tout militaire de ſe trouver en armes à aucune élection, ſous peine de perdre ſon droit d'élection pendant un an, & de huit jours de priſon.

VIII.

Lorſqu'un ſujet aura été préſenté trois fois de ſuite par ſes camarades, & qu'il n'aura pas été nommé, s'il eſt préſenté une quatrieme fois, il le ſera ſans concours d'aucun autre candidat; & la place vacante au choix lui appartiendra de droit.

IX.

Les procès-verbaux de chaque nomination ſeront inſcrits ſur un regiſtre; le double en ſera envoyé au miniſtre de la guerre, qui fera expédier des brevets portant pour date celle du jour de la nomination.

X.

Les élus aux places vacantes ſeront reconnus par le corps dans les formes accoutumées, le lendemain de leur nomination : & à dater de ce jour ils en feront les fonctions, & jouiront de tous les émoluments qui y ſont attachés.

X I.

Les chefs de corps tiendront la main à ce que les élections ſe faſſent dans la huitaine qui ſuivra la vacance d'une place au choix. Quant aux places à l'ancienneté, ils les feront remplir, à l'inſtant de leur vacance, par ceux à qui elles appartiendront de droit, & en rendront compte au miniſtre : le tout à peine d'être perſonnellement reſponſables des indemnités dues à ceux qui auroient été privés de leurs emplois.

X I I.

Les emplois des généraux de brigades, ci-devant maréchaux-de-camp, ſeront donnés aux chefs de brigade ou à ceux qui avoient ci-devant le grade de colonel en activité de ſervice ſur toutes les armées de la république; ſavoir, le tiers à l'ancienneté de leurs ſervices à grade égal, & les deux tiers au choix du miniſtre de la guerre, qui rendra compte au corps législatif, chaque mois, des promotions qu'il aura faites.

X I I I.

La même forme ci-deſſus ſera obſervée pour les promotions du grade de général de brigades à celui de général de diviſion, ci-devant lieutenant-général.

X I V.

Les généraux en chef n'auront qu'une commiſſion temporaire : ils feront choiſis par le conſeil exécutif, parmi les généraux de diviſion, ſous la ratification expreſſe de l'aſſemblée nationale.

TITRE II.

Cavalerie & Dragons.

ART. Ier.

Les vingt-neuf régimens de cavalerie, compris ceux créés à l'école militaire, & les dix-huit régimens de dragons, ſeront portés à quatre eſcadrons par régiment, à raiſon de cent hommes par compagnie, dont dix à pied; proviſoirement les eſcadrons reſteront fixés à cent ſoixante-dix hommes.

I I.

Pour opérer la nouvelle formation, tous les officiers & ſous-officiers du quatrieme escadron seront choisis par le ministre, chacun dans son grade respectif, parmi les officiers & sous-officiers de trois escadrons, ainsi que le quart en cavalerie ou dragons.

I I I.

Après la nouvelle formation effectuée, l'avancement aux grades militaires se fera, dans la cavalerie & les dragons, dans la même forme indiquée pour l'infanterie, respectivement aux différens grades; il ne sera d'ailleurs rien dérogé aux institutions établies, concernant la cavalerie & les dragons, par les précédens décrets.

TITRE III.

Cavalerie Légere.

ART. Ier.

Les douze régimens de chasseurs à cheval, & les huit régimens de hussards, seront portés de quatre à six escadrons, sur le même pied que la cavalerie de ligne.

I I.

Il sera attaché à chacun de ces régimens un lieutenant-colonel de plus, à raison de l'augmentation de deux escadrons.

I I I.

Il sera formé de la cavalerie de toutes les légions qui sont au service de la république, ainsi que des corps francs à cheval, huit nouveaux régimens de chasseurs à cheval, sur le même pied, le même uniforme que les douze régiments qui existent, & à la même paie; mais les individus qui composeront ces nouveaux corps, n'en prendront l'uniforme qu'à mesure qu'on sera obligé de renouveller leur habillement & équipement. Le ministre est chargé d'opérer cette formation dans le plus court délai, & d'en rendre compte à la convention. Après la nouvelle organisation de la cavalerie légere consommée, l'avancement aux grades militaires aura lieu dans ces corps, dans la même forme qui a été indiquée pour l'infanterie, sans déroger néanmoins aux loix concernant les troupes légeres, pour tout ce qui n'a point de rapport au présent décret.

TITRE IV.

Infanterie legere.

ARTICLE PREMIER.

Les quatorze bataillons d'infanterie légere recevront la même formation que l'infanterie de ligne ; en conſéquence, le miniſtre de la guerre formera en bataillons les corps francs à pied & les troupes d'infanterie des légions, & il fera l'incorporation de deux de ces bataillons avec un bataillon de chaſſeurs, par ordre de numéros. Trois bataillons ainſi réunis formeront une demi-brigade d'infanterie légere, qui aura même organiſation & même paye que l'infanterie de ligne. Après la formation de ces demi-brigades elles jouiront du même mode d'avancement que l'infanterie de ligne.

I I.

Le miniſtre de la guerre eſt autoriſé à employer dans la formation des demi-brigades d'infanterie légere, ceux des bataillons de volontaires exiſtans qui déſireroient faire ce ſervice, à défaut des bataillons des légions.

I I I.

S'il reſte à employer des corps qui n'auroient pas trouvé place dans la nouvelle organiſation des armées, le miniſtre en rendra compte à la Convention, pour qu'elle aviſe aux moyens de rendre leurs ſervices utiles à la république.

TITRE V.

Artillerie.

ART. Ier.

Il ne ſera rien changé à l'organiſation du corps de l'artillerie ; mais il aura la faculté de ſe recruter pendant que la guerre durera, dans tel corps qu'il jugera convenable, de gré à gré, & par des individus de bonne volonté, ſous l'agrément du général commandant la diviſion.

I I.

Les lieutenans d'artillerie continueront d'être choiſis dans l'école des éleves établie à Châlons au concours, abſtraction faite de la moitié des places de lieutenans, accordé par la loi aux ſous-officiers.

A l'égard des autres grades d'artillerie dans les régimens & compagnies de mineurs & d'ouvriers ou artillerie à cheval, on y parviendra ſuivant le mode établi pour l'infanterie.

I I I.

La ſolde des canonniers ſera portée au même taux que celle de l'infanterie, ſans préjudice aux augmentations proportionnelles dont ce corps jouiſſoit précédemment, ſuivant les différens grades ; de maniere que le canonnier qui jouiſſoit par jour d'un ſol de paye de plus que le ſoldat de ligne, ne perde pas cet avantage, & ainſi de ſuite pour les traitemens différens.

I V.

Les compagnies d'artillerie à cheval feront portées au nombre de vingt, conformément à lenr premiere organifation.

TITRE VI.

De la Gendarmenie.

ARTICLE UNIQUE.

Les corps de gendarmerie nationale, de cavalerie & d'infanterie employés à l'armée, refteront provifoirement compofés ainfi qu'il le font, & feront recrutés par des gendarmes de leurs départemens refpectifs. En cas de vacance d'emploi, les remplacemens fe feront dans la même forme prefcrite pour les autres corps, foit d'infanterie, foit de cavalerie, fuivant leur efpece d'arme, à dater de la publication du préfent décret.

TITRE VII.

Du Génie.

ART. Ier.

Le miniftre de la guerre eft autorifé à completter le corps du génie militaire, foit par des ingénieurs-géographes, foit par des ingénieurs des ponts & chauffées. Le fervice qu'ils ont fait dans leur état leur fera compté comme fervice militaire ; en cas d'infuffifance, le miniftre eft autorifé à choifir parmi des citoyens dont les fonctions font les plus analogues à celles du corps du génie, d'après un examen de théorie & de pratique, fait par une commiffion que le miniftre nommera *ad hoc*.

I I.

Dans les places qui fe trouveroient dépourvues du nombre d'ingénieurs fuffifant pour le fervice, le miniftre eft autorifé à nommer des adjoints en nombre fuffifant, fur la préfentation des chefs du génie, & à leur attribuer un traitement analogue à leur genre d'utilité.

TITRE VIII.

Etats-Majors.

Art. I.

Il y aura pour chaque armée un général en chef, un général divisionnaire & deux généraux de brigade d'avant-garde, un géneral divisionnaire, & deux généraux de brigade de réserve, un brigadier général, chef d'état-major, quatre adjudants généraux & huit adjoints pour le bureau, un commissaire général & deux commissaires ordinaires, un quartier-général.

II.

Chaque division composée de quatre demi-brigades, sera commandée par un général divisionnaire, ayant sous ses ordres deux généraux de brigade, un adjudant général, deux adjoints, & un commissaire des guerres.

III.

Le tiers des adjudants généraux aura le grade de chef de brigade; les deux autres tiers celui de chef de bataillon.

IV.

Les adjudants-généraux chefs de bataillon, seront choisis par le ministre, parmi les capitaines de l'armée qui auront au moins deux ans de service en cette qualité, ou parmi les chefs de bataillon ou d'escadron en activité.

V.

Les adjudants-généraux chefs de bataillon, monteront au grade de chefs de brigade, le tiers par ancienneté, & les deux autres tiers au choix du ministre.

VI.

Les adjudants-généraux chefs de brigade, rouleront avec tous les chefs de brigade des armées de la république, pour l'avancement au grade de brigadier général, conformément à l'article XI de la deuxieme section du titre premier.

VII.

Les commissaires des guerres resteront provisoirement organisés comme ils le sont, leur surveillance étant purement administrative; ils seront toujours nommés par le ministre de la guerre, mais ils ne pourront être choisis que parmi les éleves-commissaires ou les quartiers-maîtres de l'armée.

VIII.

Les adjoints à l'état-major n'ayant qu'une commiſſion temporaire, & devant être ſubordonnés aux adjudans-généraux, ſeront pris indiſtinctement dans tous les grades de l'armée, juſqu'à celui de chef de bataillon excluſivement, ils recevront à titre de gratification cent livres par mois ; ils conſerveront leur traitement & leur rang dans le corps auquel ils appartiendront, & ſeront choiſis par les adjudans-généraux près deſquels ils ſeront employés, avec l'agrément du chef de l'état-major général.

IX.

Les aides-de-camp reſteront au nombre fixé pour chaque grade d'officier général auquel ils ſont attachés.

Les généraux en chef pourront cependant, s'ils en ont beſoin, avoir deux aides-de-camp-capitaines de plus que ceux qui ont été fixés par les précédens décrets.

X.

Ceux qui ſont maintenant en activité jouiront du traitement qui leur eſt aſſigné par les précédentes loix.

Mais pour obtenir de l'avancement, ils ſeront tenus de ſe faire employer dans un des corps de l'armée, & alors ils ſe conformeront à l'article ſuivant :

XI

A l'avenir, les généraux ne pourront choiſir leurs aides-de-camp que parmi des officiers employés dans l'armée ; & de même que les adjoins à l'état-major, leur commiſſion ſera temporaire ; ils conſerveront leur rang & leurs droits à l'avancement dans les corps auxquels ils ſeront attachés, & recevront cent livres par mois de gratification, indépendamment du traitement attaché à leur grade. Dès qu'un aide-de-camp ceſſera d'être employé en cette qualité, il reprendra ſa place dans ſon corps.

XII.

Il ne pourra jamais ſortir plus de deux ſujets d'un bataillon, ni plus d'un par eſcadron, ſoit pour être aide-de-camp, ſoit pour être adjoint à l'état-major-général. Le troiſieme qui en ſortiroit perdroit ſon rang & ſon emploi dans le bataillon, & il ſeroit à l'inſtant pourvu à ſon remplacement.

Ceux des adjoints à l'état major qui ſe trouvent maintenant dans ce cas, ſeront tenus de rentrer dans leurs corps.

XIII.

Tous les appointemens & traitemens de guerre reſteront dans l'état auquel ils ont été déterminés, ſuivant les différens grades, pour tout ce à quoi il n'a pas été dérogé par la préſente loi.

X I V.

Tous les agens de l'adminiſtration des vivres, des hôpitaux, & de tous les détails concernant les armées, ſeront à la nomination du miniſtre, qui en remettra les états à la Convention nationale.

X V.

La Convention nationale ſe réſerve de récompenſer les actions d'éclat & les ſervices importans rendus à la république.

DUBOIS-CRANCÉ, Général de Brigade, Ex-Président de la Convention Nationale,

A L'ARMÉE.

CAMARADES,

Vous ſavez combien j'ai été calomnié en 1790, pour avoir propoſé au Corps Conſtituant ce que vient de décréter la Convention nationale : *la reſtitution de vos droits dans le choix de vos officiers.*

Nos armées étoient alors remplies d'ennemis de la liberté publique : vous avez cruellement ſouffert de leurs trahiſons ; votre courage & votre civiſme en ont triomphé. Malheureuſement tous les traitres ne ſont pas émigrés ; & ce qui vient de ſe paſſer à l'armée de Dumourier, de ce ſcélérat à qui la France avoit confié ſa gloire & ſon ſalut, & qui l'a trahie, nous prouve évidemment à tous, que l'union, l'eſtime & la confiance réciproques ſont d'une abſolue néceſſité pour le maintien de la République. Mais ces ſentiments ne ſe commandent pas comme un temps d'exercice ; pour les obtenir, il faut les mériter, & les mériter dans tous les différents grades auxquels on aſpire.

Nous n'avons plus, nous ne voulons plus de rois : les Français ne ſeront plus les eſclaves de la volonté d'un deſpote. Dans tous les ſacrifices qu'exigera de nous déſormais la choſe publique, nous y aurons tous un intérêt vraiment perſonnel, ne fût-ce que celui de notre liberté ; c'eſt-à-dire, de n'être ſoumis à aucune injuſtice, à aucune violation de nos droits, de n'obéir qu'à la loi. Mais, plus un peuple eſt libre, plus les lois qui le gouvernent doivent être impartiales : la liberté ne ſe conſerve que par la réunion des bons contre les méchants. Un deſpote peut, ſans un grand danger, laiſſer flotter quelque temps les rênes dont il diſpoſe, ſa volonté a bientôt reſſerré les liens de ſes eſclaves ; mais un état républicain, fondé ſur des principes auſſi purs que les nôtres, eſt conſtamment miné ſourdement par tous les genres d'intrigue & d'ambition. Et ſi les bons citoyens ceſſent de veiller un jour, le lendemain il n'eſt plus temps, l'équilibre eſt rompu ; & le déplacement des droits d'un ſeul individu commence le regne de la tyrannie.

Aussi le peuple Français a-t-il reconnu, comme principe immuable de son organisation sociale,

1° Que tous les hommes sont égaux en droits ;

2° Que tous les citoyens sont également admissibles à toutes dignités, places & emplois, selon leur capacité, & sans autre distinction que celle des vertus & des talents : c'est d'après ce principe que nul ne peut être appelé à aucune fonction publique, que par le choix du peuple.

Un sentiment profond de justice, mêlé d'inquiétude, m'avoit fait devancer l'époque où nous sommes, & m'avoit déterminé à proposer, en 1790, les mêmes bases pour l'organisation militaire, que pour le régime civil. Je disois : dans un pays libre, quelle que soit la forme de son gouvernement, tous les citoyens doivent être soldats, tous les soldats peuvent être officiers ; il faut donc que les soldats choisissent ceux qui seront dignes de les commander ; car le peuple, qui choisit tous les autres fonctionnaires publics, ne peut pas distinguer le mérite de ceux-ci : il ne peut donc exercer son droit à cet égard ; & il seroit trop dangereux qu'il le déléguât à un seul homme, qui, disposant de tant d'emplois importants & de la fortune publique, ne tarderoit pas à employer la force armée qui lui est confiée pour la défense de la liberté, contre cette même liberté.

D'ailleurs, que serviroit de restituer au peuple Français ses droits & sa dignité, si la portion la plus active de ce même peuple, celle qui tient de plus près à l'honneur, reste plongée dans la servitude, ne cesse pas d'être un instrument aveugle, toujours opprimé, souvent oppresseur au gré des caprices d'un maître absolu, si l'armée enfin mécontente de ne participer à aucuns des avantages assurés par la constitution à tous les citoyens, venoit à rompre les liens de la fraternité, pour servir les intérêts d'un ambitieux ? Ce contraste, disois-je à mes collegues, doit tôt ou tard entraîner les plus grands malheurs. Vous avez atterré la noblesse, le clergé, les parlements, l'abus de l'autorité royale ; eh bien ! ces coups étonnants ne sont rien, si vous ne détruisez pas l'aristocratie à fond, si vous ne la poursuivez pas jusques dans les plus petits emplois de l'armée, si vous laissez le soldat dans la cruelle alternative, ou de désobéir à des chefs corrompus, ou de violer son serment à la liberté : vous serez injustes, cruels, & vous verrez la tyrannie surnager sur des flots de sang ; vous aurez trompé vos concitoyens, vous ne leur aurez délié les pieds, que pour les faire marcher au supplice : pour ne pas achever, il valoit mieux rester comme nous étions.

Ce raisonnement fait en 1790, en présence d'hommes encore fiers de la livrée de la monarchie, fut dénaturé, calomnié ; & contraint de m'envelopper dans ma conscience, j'attendis justice du temps & des événements.

Libre pendant l'espace qu'a parcouru la premiere législature, j'ai visité nos armées ; j'y ai vu, avec douleur, tous les abus de l'ancien régime concourir, avec des exagérations d'idées de liberté, à une désorganisation complette.

Loin que dans la distribution des emplois, les regles, je ne dis pas de la justice, mais au moins de la prudence, fussent observées, j'ai vu des jeunes gens sans talents, sans expérience, souvent sans patriotisme, portés rapidement aux emplois supérieurs, tandis que d'anciens militaires languissoient dans les emplois subalternes; j'ai vu des Sous-Officiers de trente ans de service, & des Maréchaux de camp à peine majeurs; j'ai vu, qu'excepté le petit nombre de places réservées à l'ancienneté des Sous-Officiers, qui souvent encore restoient six mois vacantes, l'arbitraire le plus décourageant dominoit par-dessus toutes les considérations les plus imposantes; enfin, il étoit devenu si facile aux intrigants de traverser, avec le vol de l'aigle, toute la hiérarchie militaire, que nul ne pouvoit ni ne devoit se trouver content de son état. L'exemple de quelques Généraux qui ont mérité d'être distingués, est une exception qui ne prouve rien en faveur de la violation constante des principes; & c'est cependant toujours sous le prétexte de la nécessité de récompenser le mérite, que le régime établi par l'assemblée constituante s'étoit si bien amalgamé à l'ancien, qu'il nous menoit droit à la contre-révolution.

Je me suis bien attendu que certains Généraux, certains Etats-Majors des armées & quelques individus dans les corps ne seroient pas flattés d'une organisation nouvelle qui contrarioit leurs vues d'ambition. Je sais que cette organisation choque encore l'amour-propre de ceux qui dédaignant l'état de Soldat se croient faits pour parvenir directement au rang d'Officier. Cette organisation choque bien davantage les ennemis secrets de la liberté & de l'égalité, qui perdent tout espoir de maintenir une caste privilégiée, je ne dis pas de nobles, mais de riches bourgeois, dans le commandement des troupes. Forcé de déguiser la vérité des motifs qu'on n'oseroit avouer, on se rabat sur des hypotheses calomnieuses; on cherche à frapper l'imagination de ces mots: *intrigue*, *indiscipline*, *désorganisation.* Soldats Français, j'ai répondu pour vous; je vous ai comparés aux Romains, qui nommoient leurs Officiers, & chez qui la plus exacte discipline étoit observée, précisément parce qu'ils nommoient leurs Officiers; parce que dans un pays libre, les liens de la discipline sont d'autant plus forts, qu'ils sont composés des éléments qui frappent le plus le cœur & l'esprit: ces éléments sont l'estime & la confiance réciproques entre le chef & son subordonné. On craint que vous ne vous laissiez abuser; ah! certes, qui a plus d'intérêt que vous à bien choisir l'homme qui doit vous guider dans la carriere de l'honneur? qui peut mieux connoître celui qui est digne de cette importante fonction, si ce ne sont les compagnons de ses travaux, les témoins habituels de ses plus secrettes actions? Eh! que résultoit-il donc de cet ancien mode si réclamé, & que je trouve, moi, si monstrueux; le voici: En supposant qu'il y eût huit emplois vacants par an dans un régiment, six de ces emplois appartenoient à des individus étrangers à ce régiment, sans aucune connoissance militaire, tous nommés par le bureau de la guerre; ces hommes apportoient dans leur corps l'esprit qui avoit dirigé leur nomination; de sorte qu'en maintenant ce régime, tant que la révolution ne sera pas complette, tant qu'il y aura en France deux opinions bien prononcées, tant que le ministere pourra être composé, comme il l'a été jusqu'ici, d'agents, tantôt patriotes & tantôt aristocrates, on verra des oscillations dans les corps; on y verra deux partis, des mouvements sourds de défiance & d'indiscipline, au lieu de cette unanimité si nécessaire au salut de la patrie. Voilà ce que je défie tout homme qui a étudié l'esprit des régiments, de nier; & la fatale expérience que nous venons de faire dans la scélératesse de Dumourier, n'est-elle pas décisive? Ce Catilina conspiroit-il seul? Non, sans doute, il ne l'auroit pas pu; mais les hypocrites, ennemis de l'égalité, savent trop bien se masquer aujourd'hui, pour que le glaive de la loi les atteigne. Il est dans un temps de révolution un point de contact entre les scélérats, qui fait qu'ils s'entendent sans se parler, sans même se connoître: celui qui s'est manifesté, a souvent mille complices, & n'en pourroit pas nommer un seul.

Je suis loin de vouloir calomnier personne, de chercher à inspirer des défiances contre tel ou tel individu; mais j'ai tant vu d'hommes, dans ces circonstances critiques, jouer le patriotisme par esprit de cabale, & avec de perfides intentions, s'honorer d'un faux serment, tout promettre la veille d'émigrer, que je défie le ministre le plus integre de répondre de ses choix. Je n'ai trouvé qu'un moyen d'établir, par la connoissance positive des qualités morales des sujets, cet esprit d'union, de fraternité, qui bien loin de nuire à la discipline, en fait la base, & qui peut seul sauver la République. Je me suis dit: l'esprit du soldat est bon; il a lutté pendant toute la révolution contre l'aristocratie; chargeons-le du soin de l'anéantir: il le fera, j'en suis certain; & lorsque nous n'aurons plus à combattre que les ennemis du dehors, nos succès ne seront pas douteux.

Passant de ces réflexions au matériel des armées, je dirai que j'ai vu des bataillons, soit de ligne, soit de volontaires, réduits à moins du quart de leur force, des escadrons isolés, incomplets, mais presque point de régiments effectifs. J'ai vu ce qu'on appeloit, dans les premiers temps de la monarchie Française, des bandes d'hommes armés, & non des corps organisés. Je sais que les circonstances l'ont voulu, que dans cet état nos troupes ont bien fait leur devoir, vaincu nos ennemis, & que c'étoit là le plus pressant objet à remplir au mois d'août dernier; mais lorsque la masse de notre armée, dite de ligne, est réduite à moins de cent mille hommes, & ne pourroit se recruter par les formes ordinaires, dans un moment où les efforts parricides des ennemis de la République sont parvenus à coaliser contre nous tous les despotes de l'Europe, à décourager, dissiper toutes nos troupes, de maniere, après tant de victoires, à livrer nos frontieres à l'ennemi ; dans un moment enfin où, par un énorme recrutement il faut tout-à-coup porter à 600 mille hommes notre état militaire, étoit-il convenable de laisser subsister un ordre de choses, dans lequel, à quelques exceptions près, il ne se trouve ni harmonie entre les corps, ni justice, ni sagesse dans la répartition des emplois, ni ensemble dans les manœuvres, ni unité, ni clarté dans les administrations ?

Comment établir un ordre précis dans un régiment qui a son premier bataillon à cent lieues du second, ses grenadiers dans une autre armée, & son dépôt dans une ville de l'intérieur ? Comment établir l'ordre dans près de 800 bataillons s'administrant isolément, deux cents escadrons disséminés sur toute la surface de la République, des légions incomplettes & formées aux dépens des autres corps, une foule de compagnies franches, soit engagées, soit volontaires, tous corps pleins de zele, que le cri de la patrie en danger a fait naître, mais dont l'existence étoit souvent inconnue au bureau de la guerre ; car je me suis assuré que la plupart des corps de l'armée n'avoient, au premier janvier dernier, fourni aucun état exact de leur situation ; & la preuve, c'est que, malgré l'immense déficit que nous devons combler, nous avons des cadres des états-majors pour plus de 800 mille hommes ?

On a accusé l'ignorance & la mauvaise foi des fournisseurs de l'armée : on a eu raison ; l'une & l'autre ont été démontrées : mais aussi quelle facilité ils ont eue d'abuser de ce cahos ! Qui pourroit indiquer quelle a été la regle à suivre, où sont les états qui constatoient les droits de chacun ? Il est démontré que la nation a dépensé le double de ce que devoit coûter l'armée, en satisfaisant à tous ses besoins ; & au sein de cette immense prodigalité, nous avons eu la douleur d'apprendre que nos braves défenseurs manquoient de tout.

Rappelez-vous, camarades, qu'avant le 10 août, c'étoit vers Coblentz que s'écouloient tous nos trésors ; que l'on n'avoit préparé des magasins que sur la route qui conduit de Verdun à Paris ; tout-à-coup les Prussiens entrent sans obstacle, les trahisons de la cour sont en évidence ; le peuple s'irrite, court aux armes, après avoir fait évacuer les Tuileries, trente mille hommes sortent de Paris pour voler aux frontieres, de nombreux bataillons se forment dans tous les départements, les routes sont couvertes de défenseurs de la liberté ; on repousse les Prussiens, on bat les Autrichiens, & la France est sauvée. Mais la précipitation de ces mouvements a enfanté mille désordres dans l'administration, & la continuation d'une guerre perfide pendant l'hiver, n'a fait que les augmenter. Les volontaires eux-mêmes ont abusé de notre position, accru ces désordres par le peu de soin qu'ils ont pris de conserver leurs effets, leurs munitions, & sur-tout leurs armes. Ah ! qu'ils sachent donc bien, ces braves gens, qu'un républicain doit être plus jaloux de son fusil que de sa maîtresse. Eh ! à quoi sert le courage, si l'on a l'indolence de se priver volontairement des moyens de se mettre en activité ? Non, je le dis hautement, il y a de la lâcheté dans une telle imprévoyance ; & celui qui ne daigne pas ménager ses effets de campement, ses hardes, ses munitions & ses armes, est un mauvais soldat, plus nuisible à la République qu'un Autrichien.

Cet ordre de choses, ou plutôt cette anarchie, ne peut subsister plus long-temps sans entraîner la perte de la République. Il étoit donc du devoir d'un représentant de la nation de s'occuper d'y apporter le remede le plus prompt & le plus efficace, celui d'organiser tant de corps épars, & de réunir sous une même discipline, sous une même administration, sous un même régime, tout ce qui doit composer nos armées.

Or, il est un principe de tactique reconnu ; c'est que le corps de bataille d'une armée se compte par bataillons, demi-brigades, brigades & divisions.

D'après ce principe, j'ai cherché à composer l'infanterie, de maniere que les bataillons de volontaires faisant, ainsi que les circonstances l'exigent, les deux tiers d'une brigade, un régiment de ligne tout entier formât le premier tiers de cette même brigade : mais, comme en cet état une brigade doit être composée de six bataillons, dont un régiment de ligne & quatre bataillons de volontaires, faisant une masse de 4874 hommes, j'ai cru nécessaire de diviser ces brigades, & d'en former, comme corps permanents, des demi-brigades, en attachant le premier bataillon d'un régiment de ligne à la premiere demi-brigade, & le second bataillon de ce même régiment à la seconde demi-brigade, ayant chacune un chef appelé chef de brigade, parce que ces officiers doivent commander la brigade réunie en l'absence du général de brigade.

En conséquence, trouvant dans la ligne 98 régiments à deux bataillons, j'en ai formé 98 brigades, qui réunies à 392 bataillons de volontaires, composeront une masse uniforme de 462736 hommes, & 14700 canonniers pour le service de 1176 pieces de canon de bataillons.

Ainsi les deux bataillons d'un même régiment concourront au même service, lorsqu'ils seront formés en brigade ; & l'on verra dans mon calcul, sur la réforme à la paix, quelle a été ma prévoyance à cet égard. Mais comme l'administration de six bataillons est trop compliquée, & que son emplacement dans le même lieu n'est pas toujours praticable, comme d'ailleurs nos officiers ne sont pas habitués à manier des corps de près de cinq mille hommes, il a fallu partager ces brigades en 196 demi-brigades, composée chacune de trois bataillons, dont un de ligne & sous les ordres d'un même chef; ensuite présumant que les désordres de la derniere campagne devoient être spécialement attribués au défaut d'agents nécessaires, soit aux évolutions de l'armée, soit à la prévoyance de ses besoins, j'ai cru qu'il étoit important de déterminer le nombre de ces agents, à raison de celui des troupes, dans quelques circonstances qu'elles fussent placées, soit en campagne, soit dans des places de guerre. C'est d'après ces motifs, qu'indépendamment des états-majors généraux, j'ai établi en principe qu'une division, quelque part où elle fût placée, seroit toujours commandée par un général divisionnaire, ci-devant lieutenant-général, & composée de deux généraux de brigade ou maréchaux-de-camp, quatre chefs de brigade, ci-devant colonels, douze bataillons, dont deux régiments de ligne, quatre compagnies d'artillerie, vingt-quatre pieces de canon de campagne, un adjudant-général, deux adjoints d'état-major & un commissaire des guerres. Cette répartition de toute notre infanterie est simple, imposante, susceptible de tous les mouvements, sans nuire à son administration, sans incohérence, sans même aucune division réelle; car, je le répete, chaque brigade se trouve composée des deux bataillons d'un même régiment, unis avec quatre bataillons de volontaires.

Enfin, j'ai pensé que cette répartition étoit le seul moyen de compléter tous nos cadres, de n'avoir qu'un même esprit dans l'armée, d'anéantir toutes les divisions, de n'enchaîner par aucun accessoire la bravoure de nos troupes & le succès de nos armes, & ce qui est pour la nation d'une majeure importance. Ce moyen est le seul qui permette à l'œil attentif du ministre de suivre jusques dans ses derniers retranchements l'esprit de rapine de tous les genres d'administration.

Quand les grandes bases sont bien établies, les détails sont des jeux d'enfant; mais lorsqu'il n'y a point un ordre simple & précis dans une armée, je défie au ministre le plus integre de se soustraire à la confusion qui en résulte, & aux dilapidations de toute espece.

Voilà, mes camarades, quels ont été mes motifs d'intérêt public dans la nouvelle organisation que j'ai proposée; j'en ajouterai beaucoup d'autres qui vont trouver place dans les moyens que j'ai pris pour conserver les droits des individus.

D'abord on a fort inquiété les troupes avec ce mot *amalgame*. On leur a fait accroire que les bataillons alloient être *fondus* les uns dans les autres, & que les volontaires étant en nombre de deux contre un, auroient dans les élections une prépondérance préjudiciable aux intérêts de la troupe de ligne.

Rien de tout cela n'est vrai, & la nouvelle organisation ne présente que des idées absolument opposées à ce systême. Il y aura bien un bataillon de ligne & deux de volontaires *réunis* pour former une demi-brigade sous les ordres d'un même chef, mais chaque compagnie, chaque bataillon conserve sa composition, ses soldats, ses sous-officiers & ses officiers. Il n'y a donc aucune *fusion* de proposée; ensuite tous les emplois vacants qui n'appartiendront pas à l'ancienneté de service, & qui seront donnés au choix, le seront dans chaque bataillon où ils seront vacants par *les individus seuls de ce bataillon*, sans concurrence d'électeurs des deux autres bataillons. Ainsi, si c'est dans le bataillon de ligne que l'emploi, quel qu'il ſoit, ſe trouve vacant, tous les électeurs ne pouvant être que de *ce même bataillon*, ils n'auront à craindre aucune influence de la part des deux autres, qui jamais ne pourront y participer, pas plus que s'ils n'euſſent jamais été réunis. Il eſt vrai que les électeurs d'un bataillon où une place au choix ſe trouvera vacante, pourront choiſir leurs candidats *ſur toute la demi-brigade*; mais le bataillon de ligne auroit-il droit de ſe plaindre d'une faculté qui prépare des avantages de plus à ceux dont l'expérience & les talents inſpireront cette honorable marque de confiance? Il eſt à préſumer au contraire que le bataillon de ligne recueillira ſouvent les fruits de prévoyance du législateur & du généreux dévouement de nos volontaires.

Il faut donc commencer par rejetter cette miſérable objection, qui n'a aucun fondement, & que la plus légere réflexion ſur ce que je viens de dire fera diſparoître. Pour apprécier une loi, pour juger ſon intention, il faut d'abord la comprendre.

Quant au mode d'avancement, tel que je l'ai établi, je dirai mes motifs avec la même franchiſe.

J'ai été obligé de prendre l'armée dans l'état où elle ſe trouve. Heureux celui qui commande, s'il eſt digne de l'eſtime & de la confiance de ſes camarades! mais en travaillant pour l'avenir, perſonne ne m'auroit conſeillé de propoſer de faire rétrograder qui que ce fût.

Jamais un ſoldat de ligne n'a ſongé à diſputer à un officier de volontaires ſon rang, le titre que lui ont donné l'eſtime & la confiance de ſes camarades. Quoiqu'on ait vu les volontaires & les ſoldats de ligne ſouvent de ſervice enſemble, jamais la hiérarchie militaire n'a été violée; & nos ennemis ont déjà payé bien cher cette heureuſe harmonie qui a tant honoré les défenſeurs de la République.

Mais, dit-on, il ſera dur pour un officier de ligne trop longtemps négligé dans les emplois ſubalternes, de ſe voir commandé par un officier de volontaires qui à peine a deux ans de ſervice. J'ai déjà répondu que le ſervice des bataillons *réunis* ne ſeroit pas plus *confondu* qu'il ne l'étoit lorſque des bataillons de ligne ſe trouvoient de brigade avec des bataillons de volontaires ſous la toile, ou employés à la garde des places; & jamais cette conſidération n'a nui au bien du ſervice. Eſt-ce que dans les places de guerre les officiers ſupérieurs ne roulent pas enſemble, ſuivant leur grade, pour le commandement de la garde? Eſt-ce qu'à l'armée, lorſqu'un piquet, une grande garde, ou une patrouille, ſont mêlangés de troupes de ligne & de volontaires, le commandement n'eſt pas dévolu à l'ancienneté des grades ſupérieurs. D'ailleurs, puiſqu'à l'avenir il n'y aura plus *aucune différence de régime* entre les corps qui compoſeront l'armée, ces ſortes d'inégalités, créées par les circonſtances, ne tarderont pas à diſparoître; & c'eſt préciſément dans la formation que j'ai propoſée que se trouve le seul moyen d'y parvenir : mais je prouve que quant à présent, ces inégalités seront presque toutes à l'avantage des troupes de ligne dans la nouvelle organisation. 1° Le bataillon de ligne aura toutes les places vacantes dans son bataillon, soit au choix, soit à l'ancienneté ; & l'on sait ce que, sous l'ancien régime, lui laissoit l'intrigue des bureaux. 2° Ce bataillon aura de plus presque toutes les places *vacantes à l'ancienneté* dans les deux autres bataillons, puisque c'est *sur toute la demi-brigade* que roulent les droits de l'ancienneté, mais non dans le grade de service ; de sorte que si une place de capitaine est vacante par ancienneté dans un des deux bataillons de volontaires, elle sera probablement dévolue au plus ancien de service des lieutenants du bataillon de ligne. 3° Sans perdre aucuns de ces avantages, le bataillon de ligne aura encore dans les deux autres bataillons celui que donnent les talents & l'expérience pour être appellé aux emplois qui y vaqueront, par le choix des électeurs de ces deux bataillons, puisqu'ils peuvent choisir sur toute la demi-brigade. Ainsi il est à-peu-près physiquement démontré que dès que la réunion sera faite, le bataillon de ligne jouira des deux tiers des places qui viendront à vaquer dans les trois bataillons composants la demi-brigade. Voilà le résultat de cette disproportion dont on fait un si grand fantôme. Comparez maintenant, mes camarades, le sort qui vous attend, avec celui dont vous jouissiez. Voici un calcul très-simple. En supposant huit places vacantes par an dans un régiment, il en appartenoit deux aux sous-officiers, dont une au choix & l'autre à l'ancienneté ; ce même régiment concourant aux emplois, ainsi que je viens de l'exposer, dans une brigade composée de six bataillons, sur vingt-quatre places qui vaqueroient, en obtiendroit seize.

Quant aux emplois de colonels ou chefs de brigade, ils sont constamment dévolus à *l'ancienneté*, mais d'abord à l'ancienneté de *service*, ensuite à l'ancienneté de *grade*, & toujours ainsi alternativement. Vous voyez combien j'ai ménagé encore dans cette disposition les intérêts de la ligne, sur-tout si l'on considere que c'est en vertu de cette organisation que le nombre des colonels sera doublé.

Ainsi, d'un côté, la ligne ne perd rien, puisqu'elle alterne constamment, quel que soit le nombre des lieutenants-colonels de bataillons de volontaires ; au contraire, elle gagne tout ce qui appartenoit au choix du ministre. De l'autre côté, il n'étoit pas juste que le commandement d'un bataillon de volontaires fût le *nec plus ultrà* de leur émulation ; il n'étoit pas juste que ces chefs ne pussent devenir ni colonels ni officiers généraux, quand le dévouement des volontaires a plus que triplé le nombre des officiers supérieurs devenus nécessaires à la conduite de 600 mille hommes.

D'après tous ces motifs, je me croirois autorisé à dire à ceux qui se prétendroient encore lésés, qu'ils méconnoissent les avantages qui leur sont offerts ; qu'ils exagerent leurs prétentions ; & que j'ai dû, comme législateur, consulter moins l'intérêt isolé de quelques individus, que les principes de la justice & le bien public.

Je sais encore que l'on s'est plaint que je détruisois l'ordre d'avancement établi par ancienneté depuis le rang de sous lieutenant jusqu'à celui de capitaine.

J'ai respecté cet ordre ; je l'ai laissé subsister, pour un tiers, dans tous les grades, mais dans un temps où tout ce qui peut exciter l'émulation doit être considéré comme un de nos plus puissants moyens ; & *après avoir supprimé l'arbitraire*, j'ai cru que pour les deux tiers des places, il seroit plus convenable, plus utile à la patrie, de confier le choix des sujets à ceux qui seront témoins de leurs efforts pour les mériter. Il est impossible qu'à la guerre nos compagnons d'armes soient de mauvais juges de nos actions, de nos intentions : ils y sont trop intéressés. Malheur aux aristocrates, j'en conviens ! S'il en reste quelques-uns dans l'armée, ceux-là n'avanceront pas : mais il est temps qu'ils changent d'opinion ou d'état. D'ailleurs il falloit établir un mode uniforme pour toute l'armée : or il existoit entre les volontaires & la ligne un contraste dans l'avancement aux emplois également contraire aux droits naturels de chaque individu & à l'intérêt national : ce contraste étoit la source de mille agitations intérieures, de mille fausses préventions. Le mode établi dans la ligne portoit l'empreinte de l'esclavage ; celui que les décrets attribuoient aux volontaires, plus conforme aux principes d'égalité & de justice, étoit cependant, par sa trop grande latitude, destructeur de l'émulation & de l'ordre nécessaire à une bonne organisation.

Il étoit absurde qu'un vieux soldat fût contraint d'obéir à un blanc-bec breveté par le bureau de la guerre, & qui n'avoit jamais servi ; il étoit également funeste qu'un simple volontaire pût, avec quelque fortune, sans autre talent que celui de la séduction, obtenir de ses camarades un instant abusés, le droit de passer sur le corps de tous ses supérieurs pour les commander.

Il falloit couper la racine de ces abus, être juste envers tous & ne pas compromettre les intérêts de la nation ; il falloit restituer à la ligne, des droits si long-temps méconnus, restreindre ceux des volontaires dans des limites fondées sur l'intérêt général, créer un ensemble de tant d'éléments divers, donner de l'à plomb, une organisation fraternelle & imposante, à une masse de 600 mille hommes : enfin l'intérêt public exigeoit impérieusement de donner à cette foule d'hommes de nouvelle levée le contact de la discipline, de l'instruction & de l'amour de l'ordre, qui existent plus particulierement dans la ligne. Il falloit faire connoître à tout militaire, sans distinction, l'étendue de ses droits & de ses devoirs, tuer toutes les jalousies, ouvrir la plus vaste carriere à la véritable émulation, former un faisceau indivisible de tous les défenseurs de la République. Je l'ai proposé ; j'en ai fourni les moyens, ſans violer les convenances, ſans ſecouſſe, ſans déſorganiſation : je crois avoir bien ſervi ma patrie.

C'eſt maintenant à vous, mes camarades, à vous montrer dignes du ſerment que vous avez fait à la liberté & à l'égalité.

La Convention Nationale a cru devoir *ajourner la réunion des bataillons en demi-brigades* ; ou, ce qui eſt la même choſe, la compoſition de l'armée en brigades de ſix bataillons, chaque brigade ayant pour tête un régiment de ligne ; & voilà pourquoi les colonels s'appelleront chefs de brigade. Je vous ai démontré que cette réunion eſt utile à la patrie : c'eſt vous dire tout ; & j'attends avec confiance le vœu que vous prononcerez. Quel qu'il ſoit, je ſuis sûr au moins que vous êtes convaincus de mon zele & de la pureté de mes intentions.

DUBOIS-CRANCÉ, *préſident de la Convention Nationale.*

P. S. J'apprends encore, mes camarades, que la malveillance a été juſqu'à vous faire conſidérer cette organiſation comme la pierre d'attente d'une réforme complette à la paix. Je ſerai auſſi franc ſur cet objet que ſur les autres. Sans doute, à la paix, la législature, quelle qu'elle ſoit, ne conſervera pas 600 mille hommes ſur pied ; & ſi dans le temps mon opinion pouvoit avoir quelque influence, j'avoue que je propoſerois de combiner par diviſions la force néceſſaire à entretenir en paix ; leſquelles diviſions, au lieu d'être compoſées de douze bataillons, ainſi que je l'établis dans la nouvelle organiſation, ſeroient réduites à quatre bataillons de 500 hom. chacun, à répartir entre les départem., à raiſon de leur population : car il m'eſt démontré, à moi, que pour ne compromettre ni la paix intérieure ni la paix extérieure de la République Françaiſe, il ſuffira bien d'entretenir en temps ordinaire 98 mille hom. d'infanterie, avec un nombre proportionnel de caval^e. & de troupes légeres ; ce qui pourra former 130 mille hommes de troupes ſoldées ; & dans cette hypotheſe, nous conſerverions en temps de paix, le même nombre de bataillons que la ligne en fournit dans chaque diviſion : car 49 diviſions, à 4 bataillons chaque, donnent le compte de 196 bataillons, ou de 98 régiments, tels qu'ils exiſtent aujourd'hui. Vous voyez que j'ai prévu d'avance, & l'objection & la facilité de la réſoudre.

Au ſurplus, quel que ſoit le plan qui ſera adopté à la paix, je crois avoir propoſé le meilleur moyen d'opérer la réforme, ſans faire d'injuſtices & ſans embarras. Moins il y a d'incohérence dans l'organiſation d'une armée, plus le législateur a de facilité à établir ſes plans d'amélioration ; & l'on ſait que le croiſement des intérêts particuliers n'eſt pas le plus petit obſtacle que rencontre celui qui n'eſt occupé que du bien public.

J'ai d'ailleurs voulu tranquilliſer tous les militaires ſur leur ſort, de maniere à ce qu'après avoir bien servi la patrie, chacun desirât vivre tranquillement dans ses foyers.

Pour le sentir, il suffira de réfléchir un instant sur un des articles concernant les récompenses militaires. Par cet article, la Convention a accordé à tout militaire qui sera réformé, s'il a dix ans de service, les campagnes comptant pour deux ans, le quart de ses appointements de paix, & ensuite un 30e du restant par chaque année qu'il auroit en sus.

Je suppose : un capitaine d'infanterie qui aura à la paix 30 ans de service, compris ses campagnes, s'il vouloit prendre sa retraite, au terme des lois antérieures sur les pensions, il ne lui appartiendroit que 600 liv. de retraite ; mais s'il est réformé, il lui appartiendra pour 10 ans de service 600 liv., & pour les 20 autres 1200 liv. ; total 1800 liv. Il y aura donc pour cet officier un avantage énorme à être réformé à la paix, d'autant que la loi lui accorde la faculté de convertir sa pension de 1800 liv. en un bien national de 18000 liv. de valeur, qui deviendra sa propriété & celle de sa famille. Nous n'avons donc point à craindre que la réforme soit pénible. La plupart des militaires desireront jouir, à la paix, de la bienfaisance nationale ; & ceux qui voudront continuer le service, trouveront leur place dans les 4 bataillons restants par division, chacun suivant son grade ; ce qui ne pourroit avoir lieu, si la ligne se trouvoit séparée des bataillons de volontaires à la paix, car alors la ligne étant conservée dans l'intégrité de ses cadres, l'officier de volontaires qui voudroit continuer le service ne pourroit obtenir d'emploi ; & l'officier de ligne fatigué du service, ne pouvant être compris dans la réforme, seroit restreint aux avantages de la loi sur les pensions de retraite.

Français, réfléchissez, & sachez bien qu'il ne suffit pas de combattre avec courage, mais que les insinuations de la malveillance sont plus dangereuses que le fer de l'ennemi.

Vive la NATION.

Vive la RÉPUBLIQUE, une & indivisible.

ARRÊTÉ des Repréſentants du Peuple, à l'armée des Alpes, du 20 Mai 1793,

L'an 2e de la République Françaiſe.

LES Repréſentants du peuple, à l'armée des Alpes, ſpécialement chargés par la Convention, de faire remplir tous les emplois militaires, conformément à l'organiſation qui a été décrétée le 21 février & jours ſuivants, interprêtant, conformément au bien général & à l'eſprit de la loi, l'article 1er de la ſection 2 du titre 1er, concernant le mode d'avancement, arrêtent proviſoirement, & pour être exécuté ſans délai, ſauf la ratification de la Convention :

ARTICLE PREMIER.

ON entendra, par ancienneté de ſervice, l'ancienneté de tous les ſervices qu'on a rendus, en tel grade que ce ſoit, y compris l'état de ſoldat.

II.

LES bataillons, ſoit de ligne, ſoit de volontaires, rouleront dès aujourd'hui ſur eux-mêmes pour l'avancement, ſoit à l'ancienneté, ſoit au choix ; & les compagnies qui ont paſſé d'un bataillon dans l'autre, reſteront invariablement attachées à celui où elles ſe trouvent, la compagnie de grenadiers exceptée, qui ſuivra ſon rang dans le bataillon dont elle auroit été détachée, de maniere qu'un bataillon ſoit toujours compoſé d'une compagnie de grenadiers & de huit de fuſiliers.

III.

NUL ne pourra être fait officier, ſoit au choix, ſoit à l'ancienneté, qu'il ne ſache lire & écrire, pour qu'à défaut de ces connoiſſances un officier, chargé d'un rapport important, pourroit compromettre le ſalut de l'armée, & par conſéquent de la République.

IV.

TOUT ſous-officier ou officier qui aura droit par ancienneté à un emploi ſupérieur, lorſqu'il y aura réclamation contre lui pour raiſon de ſon incapacité, ſera tenu de ſubir un examen, parce que la loi, en rendant juſtice aux militaires, n'a pas voulu compromettre le ſervice & la vie des braves défenſeurs de la République. En conſéquence, l'officier général commandant, ou à ſon défaut l'officier ſupérieur, le plus ancien de ſervice, fera aſſembler le bataillon où l'emploi ſera vacant, & là, en préſence de tout le bataillon, il examinera le candidat ſur les objets relatifs à ſon ſervice, & lui fera commander différentes manœuvres, ſoit à une eſcouade, ſoit à un peloton, ſoit même au bataillon entier, ſuivant le grade auquel aſpire ce candidat.

Dans le cas où cet officier ou ſous-officier ſera jugé par la majorité du bataillon, incapable de ſes nouvelles fonctions, il reſtera dans le grade où il étoit, juſqu'à ce qu'il ſoit jugé plus capable d'en occuper un ſupérieur; ſon tour ſera paſſé, & la place vacante à l'ancienneté appartiendra de droit au plus ancien de ſervice après lui, & du même grade. Il en ſera dreſſé procès-verbal, ſigné par l'officier ſupérieur & le conſeil d'adminiſtration. *Signés* DUBOIS-CRANCÉ, ALBITE, NIOCHE, GAUTIER.

Pour copie conforme. SOULET, ſecrétaire des repréſentants du peuple.

www.ingramcontent.com/pod-product-compliance
Lightning Source LLC
LaVergne TN
LVHW020301230826
846091LV00006B/2491

* 9 7 8 2 0 1 3 3 3 9 4 7 6 *